DES ARAIGNÉES

EFFRAYANTES MAIS INTÉRESSANTES

Julie K. Lundgren

Un livre de la collection
Les jeunes plantes de Crabtree

Crabtree Publishing
crabtreebooks.com

TABLE DES MATIÈRES

INSECTE OU ARAIGNÉE?

Les araignées ont huit pattes et leur corps comprend deux parties. Les araignées sont des **arachnides** et non des insectes. Les insectes ont six pattes et leur corps comprend trois parties.

PARTIES DU CORPS DE L'ARAIGNÉE

De nombreuses araignées ont huit yeux. Elles doivent avoir une bonne vue, n’est-ce pas? Habituellement non. Elles peuvent sentir la lumière et la noirceur.

GROS PLAN EFFRAYANT OU INTÉRESSANT

QUELS GRANDS YEUX, ET DES YEUX, ENCORE DES YEUX!
araignée sauteuse

LA VÉRITÉ VELUE

Les araignées peuvent être minuscules, énormes, lisses, poilues, minces ou grosses.

La minuscule araignée sauteuse peut tenir sur un ongle.

L'araignée Goliath, la plus grosse araignée du monde, est de la même grandeur qu'une assiette.

Les poils de certaines araignées améliorent leur sens du toucher. D'autres sentent les ondes sonores, un peu comme de petites oreilles.

Chromatopelma cyaneopubescens est recouverte de poils.

Les araignées peuvent avoir différents motifs et couleurs. Certaines peuvent se fondre à leur environnement. C'est le **camouflage**.

L'araignée-loup se cache à la vue de tous.

Les araignées-crabes sont de la même couleur que les fleurs.

DES CHASSEURS MORTELS

Toutes les araignées sont **carnivores**. Plusieurs chassent des insectes, alors que d'autres mangent des souris, des oiseaux ou d'autres araignées.

argiope trifasciata

Certaines araignées utilisent la soie de leur filière pour tisser des toiles afin d'attraper leurs proies. La filière d'une araignée peut produire différents types de soie de différentes épaisseurs.

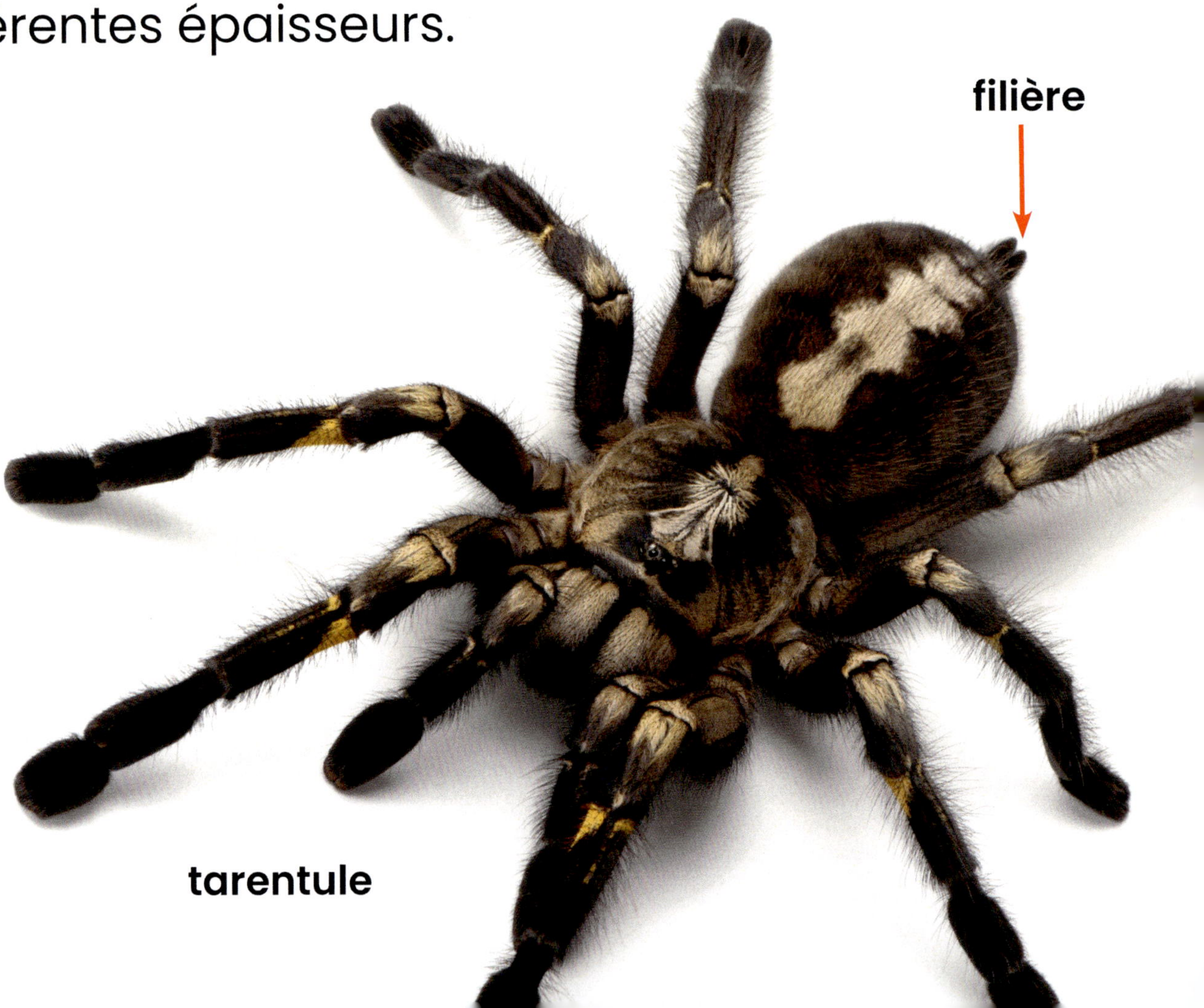

Différents types d'araignées font différents types de toile.

Toile en fils diffus : *fils désordonnés*

Toile en nappe : *une couche de soie, souvent au-dessus d'herbes ou de buissons*

Toile en entonnoir : *comme la toile en nappe, sauf qu'elle a un tunnel au centre, où l'araignée se cache*

Toile orbiculaire : *des cercles collants à l'intérieur de cercles pendus entre des brindilles, des bâtiments ou d'autres structures*

Les araignées qui n'utilisent pas de toile tendent une **embuscade** à leurs proies.

Les dolomèdes lancent des attaques sous-marines sur les insectes ou les petits poissons qui passent près d'elles.

La plupart des araignées ne mangent pas leurs proies entières. Certaines utilisent leurs crochets pour injecter du **venin**. Le venin transforme l'intérieur des proies en liquide, afin que l'araignée puisse le boire comme de la soupe.

LE CYCLE DE VIE

Les araignées enveloppent leurs œufs dans un sac de soie. Certaines araignées pondent seulement un ou deux œufs, alors que d'autres en pondent plus de deux mille!

Quand ils éclosent, les bébés araignées ressemblent à de minuscules adultes.

Les araignées **muent** plusieurs fois en grandissant. Leur **exosquelette** dur glisse pour en révéler un plus grand.

La plupart des araignées vivent seulement un an ou deux. Les grosses araignées comme les tarentules peuvent vivre jusqu'à vingt ans.

De nombreuses personnes ont ces prédateurs effrayants mais intéressants comme animaux de compagnie. Aimerais-tu avoir une tarentule?

Mygale à pattes rouges

IDENTIFIE LES PARTIES DE L'ARAIGNÉE

Relie chaque mot à la case qui correspond :

abdomen
céphalothorax
pattes
filière

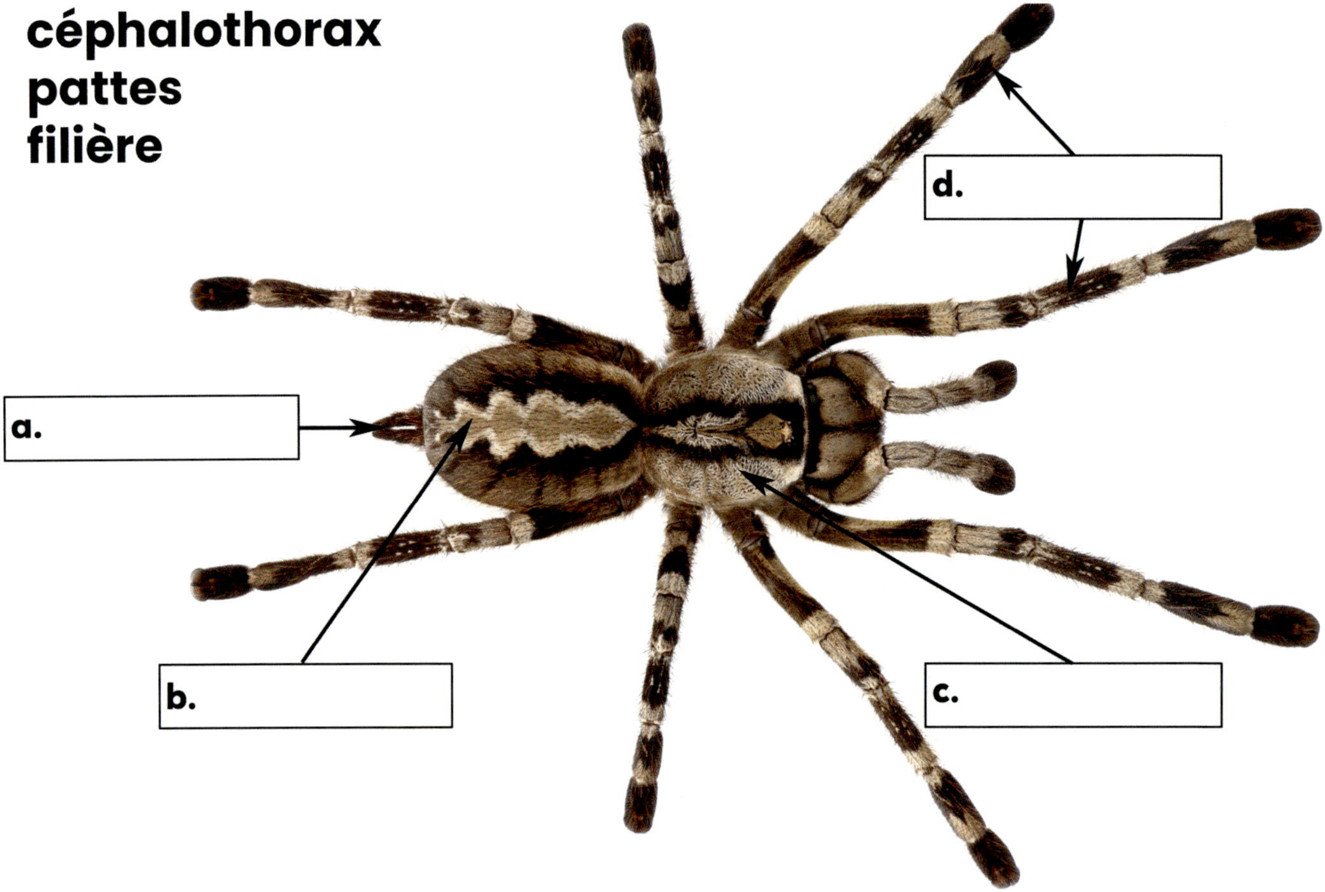

Réponses : **a.** filière **b.** abdomen **c.** céphalothorax **d.** pattes

Glossaire

arachnides (a-rak-nide) : Des animaux à huit pattes, un corps en deux sections et pas d'ailes ni antennes

camouflage (ka-mou-flaj) : Des couleurs ou des motifs qui permettent aux animaux de se fondre à leur environnement pour rester cachés

carnivores (kar-ni-vor) : Des animaux qui chassent et mangent d'autres animaux

embuscade (an-buss-kad) : Attaquer par surprise, comme un ninja

exosquelette (exo-ske-lète) : La coque dure externe qui soutient et protège le corps des animaux qui n'ont pas d'os

muent (mu) : Changer de peau ou de coque externe afin que l'animal puisse grandir

venin (ve-nin) : Poison utilisé pour assommer ou tuer des proies, injecté par une morsure

Index

Soutien de l'école à la maison pour les parents, les gardiens et les enseignants

Ce livre aide les enfants à se développer grâce à la pratique de la lecture. Voici quelques exemples de questions pour aider le lecteur ou la lectrice à développer ses capacités de compréhension. Les suggestions de réponses sont indiquées en rouge.

Avant la lecture

- **De quoi ce livre parle-t-il?** *Je pense que ce livre parle des nombreux types d'araignées. Je pense que ce livre explique comment les araignées font leurs toiles.*
- **Qu'est-ce que je veux apprendre sur ce sujet?** *Je veux apprendre comment les araignées font leurs toiles. Je veux savoir s'il y a des araignées venimeuses qui peuvent tuer des humains.*

Pendant la lecture

- **Je me demande pourquoi...** *Je me demande pourquoi les araignées ont huit yeux et huit pattes. Je me demande pourquoi certaines araignées peuvent sentir les ondes sonores avec leurs poils, comme de petites oreilles.*
- **Qu'est-ce que j'ai appris jusqu'à présent?** *J'ai appris que toutes les araignées sont carnivores. J'ai appris que la plupart des araignées injectent du venin dans leur proie pour transformer l'intérieur de la proie en un liquide que l'araignée boit.*

Après la lecture

- **Nomme quelques détails que tu as retenus.** *J'ai appris que la plupart des araignées vivent seulement un an ou deux. J'ai appris que les grosses araignées comme les tarentules peuvent vivre plus de vingt ans.*
- **Lis le livre à nouveau et cherche les mots du glossaire.** *Je vois le mot **arachnides** à la page 4 et le mot **muent** à la page 20. Les autres mots du glossaire se trouvent à la page 23.*

Crabtree Publishing

crabtreebooks.com 800-387-7650

Version imprimée du livre produite conjointement avec Blue Door Education en 2021.

Auteur : Julie K. Lundgren
Traduction : Annie Evearts

Paperback	978-1-0396-0842-9
Ebook (pdf)	978-1-0396-0854-2
Epub	978-1-0396-0866-5
Read-along	978-1-0398-0344-2
Audio book	978-1-0396-6675-7

Imprimé au Canada/032024/CPC20240301

Publié au Canada par Crabtree Publishing
616 Welland Avenue
St. Catharines, Ontario
L2M 5V6

Publié aux États-Unis par Crabtree Publishing
347 Fifth Avenue
Suite 1402-145
New York, NY 10016

Références photographiques : Couverture ©shutterstock.com/Pablo Hidalgo - Fotos593, p. 2 © istockphoto/ ConstantinCornel, p. 4-5 ©shutterstock.com/James L. Davidson, video ©GlobalStock, p. 6-7 ©shutterstock.com/skynetphoto. p. 8 ©shutterstock.com/89studio, p. 9 (assiette) ©shutterstock. com/ILYA AKINSHIN, (fourchette) © studioVin, (araignée Goliath) © Snakecollector. p. 10 © Cathy Keifer, p. 11 © Amir Ridhwan, (araignée-crabe) ©shutterstock.com/ Lidara. p. 12-13 ©shutterstock.com/Cathy Keifer. p. 14 ©shutterstock.com/Eric Isselee. p. 15 (toile en fils diffus) © J.Gatherum, (toile en nappe) ©Ilya Sirota, (toile en entonnoir) © PHOTO FUN, (toile orbiculaire) © Mark Carthy, p. 16 © Brian Lasenby. p. 17 (crochets) © D. Kucharski K. Kucharska, p. 18 (emballage d'œufs dans la soie) © Cathy Keifer. p. 19 (bébés araignées) © Dr. Morley Read, p. 20 (mue d'araignée) ©shutterstock.com/ noppharat; p. 21 ©shutterstock.com/cowboy54. p. 22 © Eric Isselee

Catalogage avant publication de Bibliothèque et Archives Canada
Titre: Des araignées / Julie K. Lundgren ; texte français d'Annie Evearts.
Autres titres: Spiders. Français.
Noms: Lundgren, Julie K., auteur.
Description: Mention de collection: Effrayantes mais intéressantes | Les jeunes plantes de Crabtree | Traduction de : Spiders. | Comprend un index.
Identifiants: Canadiana (livre imprimé) 20210286806 | Canadiana (livre numérique) 20210286822 | ISBN 9781039608429 (couverture souple) | ISBN 9781039608542 (HTML) | ISBN 9781039608665 (EPUB)
Vedettes-matière: RVM: Araignées—Ouvrages pour la jeunesse. | RVMGF: Documents pour la jeunesse.
Classification: LCC QL458.4 .L8614 2022 | CDD j595.4/4—dc23